Impressum
Verlag: BABADADA GmbH, Nedderfeld 112 , 22529 Hamburg
Geschäftsführer / Verlagsleitung: Harald Hof
Druck: Books on Demand GmbH, In de Tarpen 42, 22848 Norderstedt

Imprint
Publisher: BABADADA GmbH, Nedderfeld 112 , 22529 Hamburg, Germany
Managing Director / Publishing direction: Harald Hof
Print: Books on Demand GmbH, In de Tarpen 42, 22848 Norderstedt

l'école

בית ספר

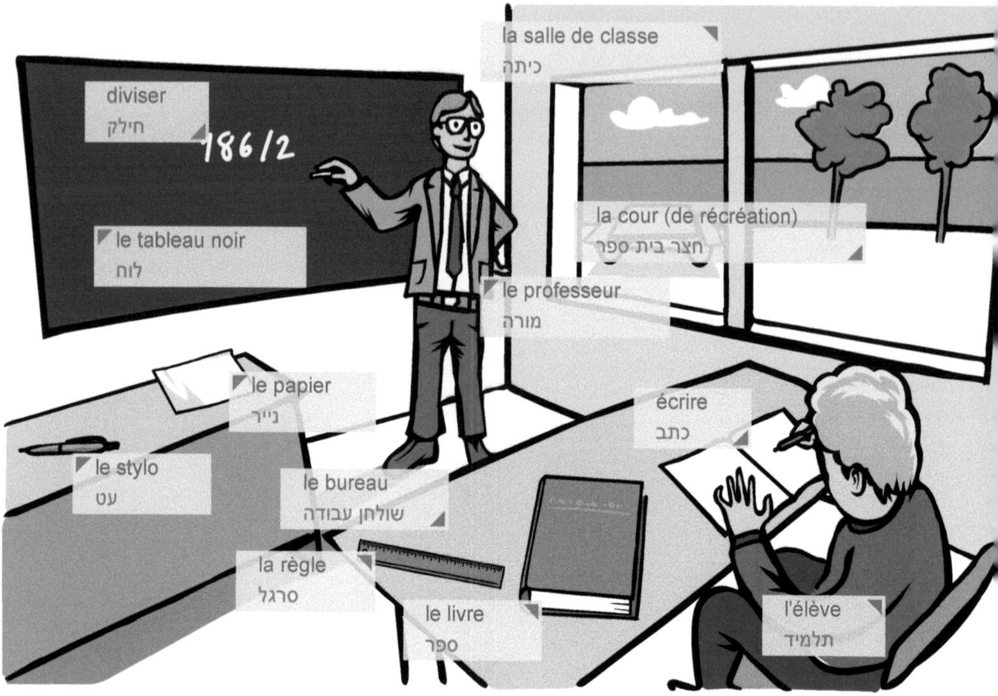
la salle de classe
כיתה
diviser
חילק
186/2
le tableau noir
לוח
la cour (de récréation)
חצר בית ספר
le professeur
מורה
le papier
נייר
écrire
כתב
le stylo
עט
le bureau
שולחן עבודה
la règle
סרגל
le livre
ספר
l'élève
תלמיד

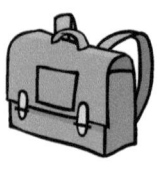

le cartable

ילקוט

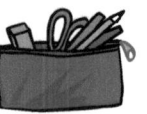

la trousse

קלמר

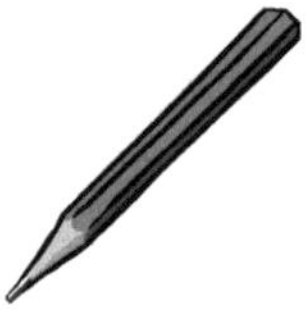

le crayon

עיפרון

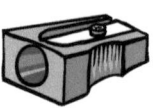

le taille-crayon

מחדד

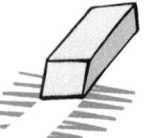

la gomme

גומי מחיקה

le carnet à dessin

חוברת סרטוט

le dessin

סרטוט

le pinceau

מברשת

la boîte de peinture

קופסת צבעים

les ciseaux

מספריים

la colle

דבק

le cahier d'exercices

ספר תרגול

les devoirs

שיעור בית

le chiffre

מספר

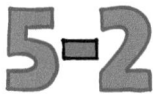

additionner

חיבר

soustraire

חיסר

multiplier

הכפיל

calculer

חישב

la lettre

אות

l'alphabet

אלפבית

le mot

מילה

le texte

טקסט

lire

קרא

la craie

גיר

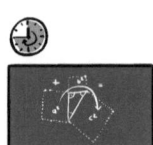

la leçon

שיעור

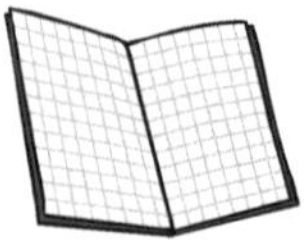

le livre de classe

יומן נוכחות

l'examen

מבחן

le certificat

תעודה

l'uniforme scolaire

תלבושת בית ספר

la formation

חינוך

le lexique

אנציקלופדיה

l'université

אוניברסיטה

le microscope

מיקרוסקופ

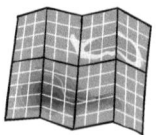

la carte

מפה

la corbeille à papier

סל נייר

l'hôtel
מלון
l'auberge
הוסטל
le bureau de change
המרת מטבע
CHANGE
la valise
מזוודה
la voiture
אוטו

la langue

שפה

oui / non

כן / לא

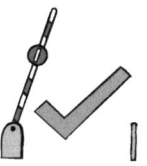

d'accord

בסדר

Salut

שלום

l'interprète

מתרגם

merci

תודה

Combien coûte...?

כמה עולה.....?

Je ne comprends pas

אני לא מבין

le problème

בעיה

Bonsoir !

ערב טוב!

Bonjour !

בוקר טוב!

Bonne nuit !

לילה טוב!

Au revoir

להתראות

la direction

כיוון

les bagages

כבודה

le sac

תיק

le sac-à-dos

תרמיל גב

l'hôte

אורח

la pièce

חדר

le sac de couchage

שק שינה

la tente

אוהל

l'office de tourisme

מרכז מידע לתיירים

la plage

חוף ים

la carte de crédit

כרטיס אשראי

le petit-déjeuner

ארוחת בוקר

le déjeuner

ארוחת צהריים

le dîner

ארוחת ערב

le billet

כרטיס

l'ascenseur

מעלית

le timbre

בול

la frontière

גבול

la douane

מכס

l'ambassade

שגרירות

le visa

אשרה

le passeport

דרכון

le transport
תחבורה

l'avion
מטוס
le navire
אונייה
le véhicule de pompiers
כבאית
le bus
אוטובוס
le camion
משאית
bateau à moteur
סירת מנ
la bicyclette
אופניים
la voiture
אוטו

le ferry
מעבורת

la barque
סירה

la moto
אופנוע

la voiture de police
ניידת משטרה

la voiture de course
מכונית מרוץ

la voiture de location
רכב שכור

l'auto-partage

מכוניות בשיתוף

la voiture de remorquage

אוטו גרר

la benne à ordures

משאית זבל

le moteur

מנוע

l'essence

דלק

la station d'essence

תחנת דלק

le panneau indicateur

תמרור

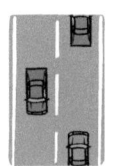

le trafic

תנועה

l'embouteillage

פקק תנועה

le parking

חניה

la gare

תחנת רכבת

les rails

פסי רכבת

le train

רכבת

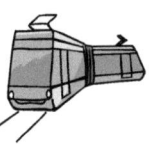

le tramway

רכבת קלה

le wagon

קרון

l'hélicoptère

מסוק

l'aéroport

שדה-תעופה

la tour

מגדל

le passager

נוסע

le conteneur

קונטיינר

le carton

קרטון

le chariot

עגלה

la corbeille

סל

décoller / atterrir

המראה / נחיתה

la ville

עיר

le village

כפר

le centre-ville

מרכז העיר

la maison

בית

le cinéma
קולנוע

la publicité
פרסומת

le réverbère
מנורת רחוב

CINEMA

la rue
רחוב

le taxi
מונית

le piéton
הולך רגל

le kiosque
קיוסק

le trottoir
רציף

le passage piéton
מעבר חצייה

la poubelle
פח אשפה

le carrefour
צומת

les feux de circulation
רמזור

la cabane
בקתה

l'appartement
דירה

la gare
תחנת רכבת

la mairie
עירייה

le musée
MUSEUM
מוזיאון

l'école
בית ספר

la ville - עיר

11

l'université

אוניברסיטה

la banque

בנק

l'hôpital

בית חולים

l'hôtel

מלון

la pharmacie

בית מרקחת

le bureau

משרד

la librairie

חנות ספרים

le magasin

חנות

le fleuriste

חנות פרחים

le supermarché

סופרמרקט

le marché

שוק

le grand magasin

כל-בו

la poissonnerie

מוכר דגים

le centre commercial

קניון

le port

נמל

le parc

פארק

la banque

ספסל

le pont

גשר

les escaliers

מדרגות

le métro

רכבת תחתית

le tunnel

מנהרה

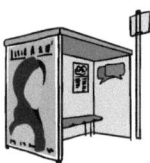

l'arrêt de bus

תחנת אוטובוס

le bar

בר

le restaurant

מסעדה

la boîte à lettres

תא דואר

le panneau indicateur

שלט רחוב

le parcmètre

מדחן

le zoo

גן חיות

le réverbère

בריכת שחיה

la mosquée

מסגד

la ferme

חווה

la pollution

זיהום

la cimetière

בית עלמין

l'église

כנסייה

l'aire de jeux

מגרש משחקים

le temple

בית מקדש

le paysage

נוף

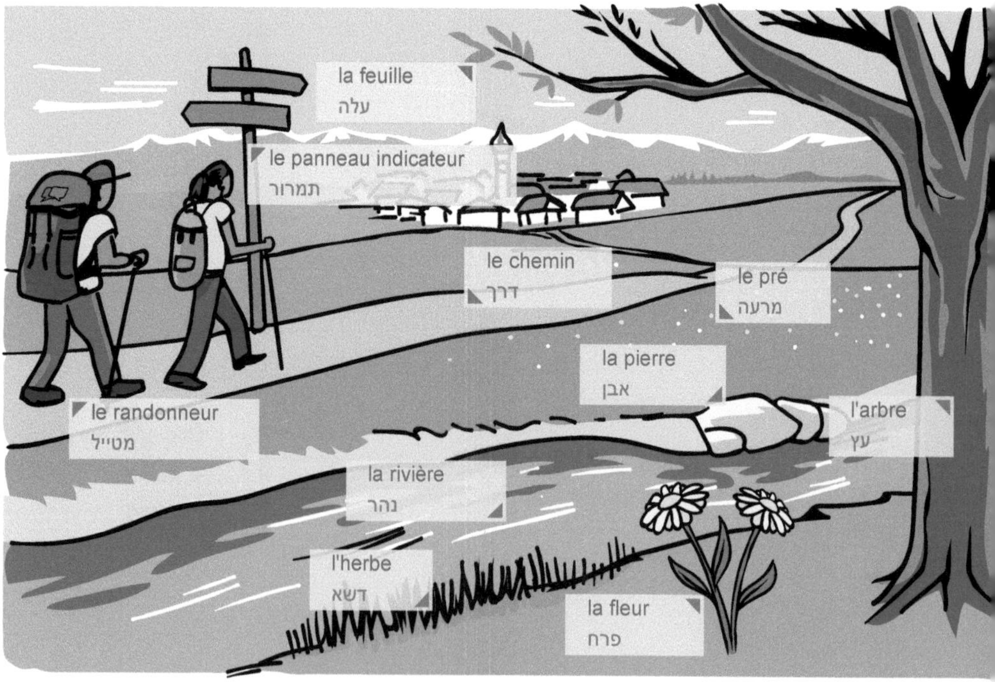

la feuille

עלה

le panneau indicateur

תמרור

le chemin

דרך

le pré

מרעה

la pierre

אבן

le randonneur

מטייל

l'arbre

עץ

la rivière

נהר

l'herbe

דשא

la fleur

פרח

la vallée

בקעה

la montagne

הר

le lac

אגם

la forêt

יער

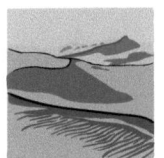

le désert

מדבר

le volcan

הר געש

le château

טירה

l'arc-en-ciel

קשת בענן

le champignon

פטריה

le palmier

דקל

le moustique

יתוש

la mouche

זבוב

les fourmis

נמלה

l'abeille

דבורה

l'araignée

עכביש

le coléoptère

חיפושית

la grenouille

צפרדע

l'écureuil

סנאי

le hérisson

קיפוד

le lièvre

ארנב

la chouette

ינשוף

l'oiseau

ציפור

le cygne

ברבור

le sanglier

חזיר בר

le cerf

צבי

l'élan

אייל הקורא

le barrage

סכר

l'éolienne

טורבינת רוח

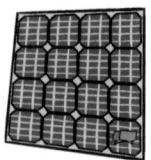

le panneau solaire

פנל סולארי

le climat

אקלים

le restaurant

מסעדה

le serveur
מלצר
le menu
תפריט
la chaise
כסא
la soupe
מרק
la pizza
פיצה
les couverts
סכו"ם
la nappe
מפת שולחן

les hors d'œuvre

מנת פתיחה

le plat principal

מנה עיקרית

le dessert

קינוח

les boissons

שתיות

l'alimentation

אוכל

la bouteille

בקבוק

le fast-food

מזון מהיר

les plats à emporter

אוכל רחוב

la théière

קנקן תה

le sucrier

מסכרת

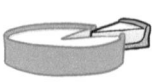

la portion

מנה

la machine à expresso

מכונת אספרסו

la chaise haute

כסא תינוק

la facture

חשבון

le plateau

מגש

le couteau

סכין

la fourchette

מזלג

la cuillère

כף

la cuillère à thé

כפית

la serviette

מפית

le verre

כוס

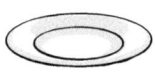

l'assiette

צלחת

l'assiette à soupe

קערת מרק

la soucoupe

תחתית

la sauce

רוטב

la salière

מלחייה

le moulin à poivre

מטחנת פלפל

le vinaigre

חומץ

l'huile

שמן

les épices

תבלינים

le ketchup

קטשופ

la moutarde

חרדל

la mayonnaise

מיונז

le supermarché

סופרמרקט

l'offre promotionnelle
מבצע
FOR
le client
לקוח
les produits laitiers
מוצרי חלב
les fruits
פירות
le chariot
עגלת קניות

la boucherie

אטליז

la boulangerie

מאפייה

peser

שקל

les légumes

ירקות

la viande

בשר

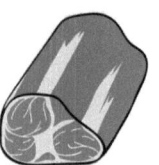

les aliments surgelés

מזון קפוא

la charcuterie

בשר קר

les conserves

שימורים

la poudre à lessive

אבקת כביסה

les bonbons

ממתקים

les articles ménagers

מוצרי בית

les détergents

חומר ניקוי

la vendeuse

מוכרת

la caisse

קופה

le caissier

קופאי

la liste d'achats

רשימת קניות

les heures d'ouverture

שעות פתיחה

le portefeuille

ארנק

la carte de crédit

כרטיס אשראי

le sac

תיק

le sac en plastique

שקית נילון

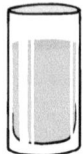

les boissons

שתיות

l'eau

מים

le jus de fruit

מיץ

le lait

חלב

le coca

קולה

le vin

יין

la bière

בירה

l'alcool

אלכוהול

le chocolat chaud

קקאו

le thé

תה

le café

קפה

l'expresso

אספרסו

le cappuccino

קפוצ'ינו

l'alimentation

אוכל

la banane

בננה

la pomme

תפוח

l'orange

תפוז

le melon

אבטיח

le citron.

לימון

la carotte

גזר

l'ail

שום

le bambou

במבוק

l'oignon

בצל

le champignon

פטריות

les noisettes

אגוזים

les pâtes

אטריות

les spaghetti

ספגטי

le riz

אורז

la salade

סלט

les pommes frites

צ'יפס

les pommes de terre rôties

צ'יפס

la pizza

פיצה

le hamburger

המבורגר

le sandwich

כריך

l'escalope

שניצל

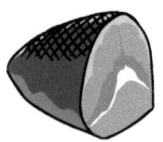

le jambon

שינקין

le salami

סלאמי

la saucisse

נקניקיה

le poulet

עוף

le rôti

טיגון

le poisson

דג

les flocons d'avoine

שיבולת שועל

le muesli

מוזלי

les cornflakes

קורנפלקס

la farine

קמח

le croissant

קרואסון

les petits-pains

לחמנייה

le pain

לחם

le pain grillé

טוסט

les biscuits

עוגיות

le beurre

חמאה

le fromage blanc

גבינה לבנה

le gâteau

עוגה

l'œuf

ביצה

l'œuf au plat

ביצת עין

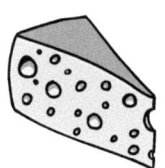

le fromage

גבינה

la glace

גלידה

le sucre

סוכר

le miel

דבש

la confiture

ריבה

la crème nougat

ממרח נוגט

le curry

קארי

la ferme
חווה

la ferme
בית חווה
la grange
אסם
la botte de paille
חבילת שחת
le champ
שדה
le cheval
סוס
la remorque
עגלת נגרר
le tracteur
טרקטור
le poulain
סייח
l'âne
חמור
le mouton
כבש
l'agneau
טלה

la chèvre
עז

la vache
פרה

le veau
עגל

le porc
חזיר

le porcelet
חזרזיר

le taureau
שור

la ferme - חווה

l'oie

אווז

le canard

ברווז

le poussin

אפרוח

la poule

תרנגולת

le coq

תרנגול

le rat

חולדה

le chat

חתול

la souris

עכבר

le bœuf

שור

le chien

כלב

le chenil

מלונה

le tuyau de jardin

צינור השקיה

l'arrosoir

קנקן מים

la faucheuse

חרמש

la charrue

מחרשה

la faucille

מגל

la pioche

מגרפה

la fourche

קלשון

la hache

גרזן

la brouette

מריצה

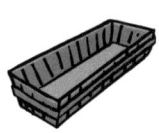

la cuve

שוקת

le pot à lait

כד חלב

le sac

שק

la clôture

גדר

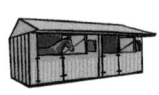

l'étable

אורווה

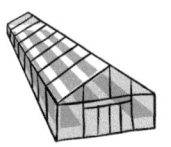

le serre

חממה

le sol

אדמה

les semences

זרע

l'engrais

דשן

la moissonneuse-batteuse

מקצרה

la ferme - חווה   29

récolter

קצר

la récolte

קציר

l'igname

בטטה אפריקנית

le blé

חיטה

le soja

סויה

la pomme de terre

תפוח אדמה

le maïs

תירס

le colza

קנולה

l'arbre fruitier

עץ פירות

le manioc

קסבה

les céréales

דגנים

la maison
בית

la cheminée
ארובה
le toit
גג
la gouttière
מרזב
la fenêtre
חלון
le garage
מוסך
la sonnette
פעמון
la porte
דלת
la poubelle
פח אשפה
la boîte aux lettres
תיבת מכתבים
le jardin
גינה

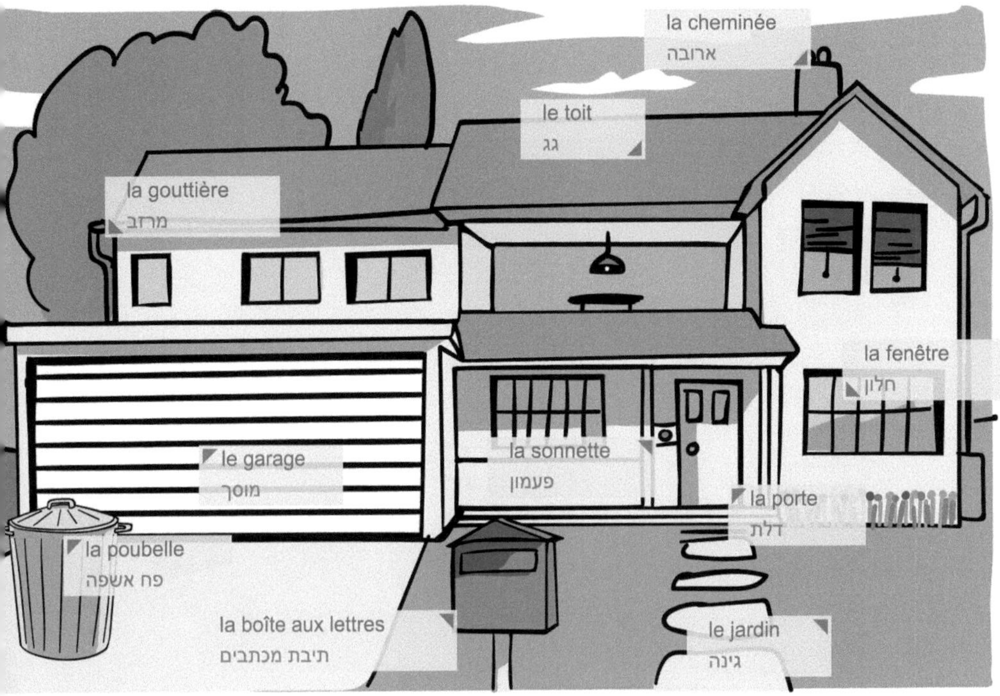

le salon

סלון

la salle de bain

חדר אמבטיה

la cuisine

מטבח

la chambre à coucher

חדר שינה

la chambre d'enfant

חדר ילדים

la salle à manger

חדר אוכל

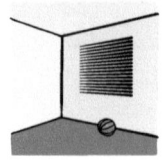

le sol

רצפה

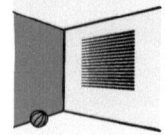

le mur

קיר

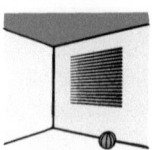

le plafond

תקרה

la cave

מרתף

le sauna

סאונה

le balcon

מרפסת

la terrasse

מרפסת

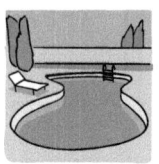

la piscine

בריכה

la tondeuse à gazon

מכסחת דשא

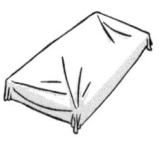

la housse

סדין

la couette

כיסוי מיטה

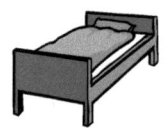

le lit

מיטה

le balai

מטאטא

le sceau

דלי

l'interrupteur

מפסק

le salon
סלון

le papier peint
טפט
l'image
תמונה
la lampe
מנורה
l'étagère
מדף
l'armoire
ארון
la télé
טלוויזיה
la cheminée
אח
la fleur
פרח
le coussin
כרית
le sofa
ספה
le vase
אגרטל
la télécommande
שלט רחוק

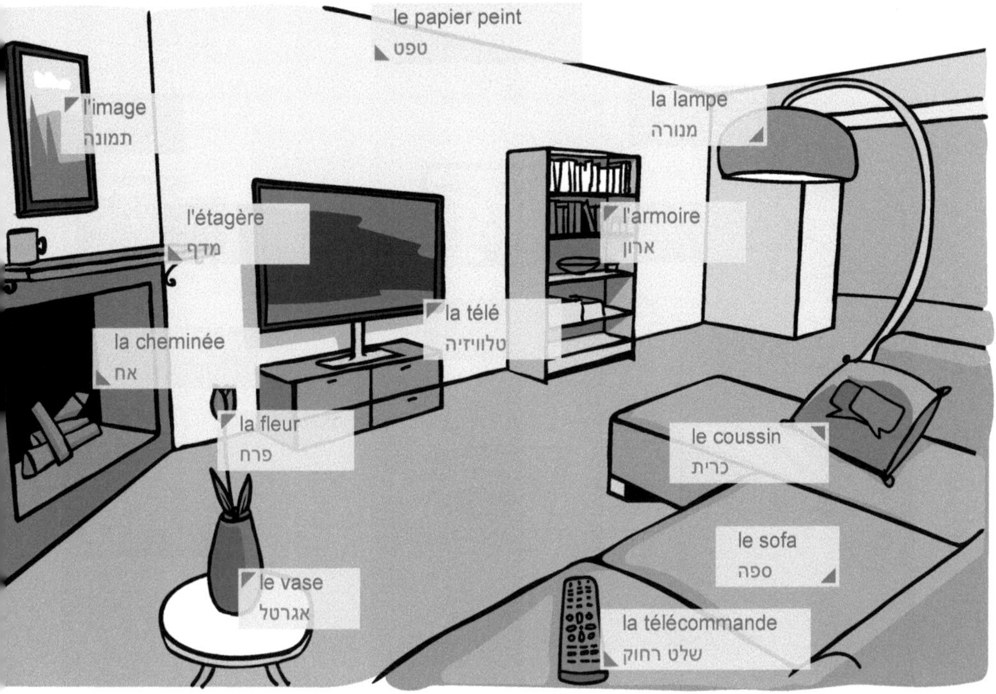

le tapis
שטיח

le rideau
וילון

la table
שולחן

la chaise
כסא

la chaise à bascule
כיסא נדנדה

le fauteuil
כורסה

le livre

ספר

la couverture

שמיכה

la décoration

דקורציה

le bois de chauffage

עצי הסקה

le film

סרט

la chaîne hi-fi

מערכת סטריאו

la clé

מפתח

le journal

עיתון

la peinture

ציור

le poster

פוסטר

la radio

רדיו

le bloc-notes

מחברת

l'aspirateur

שואב אבק

le cactus

קקטוס

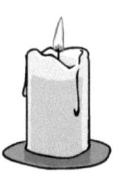

la bougie

נר

la cuisine

מטבח

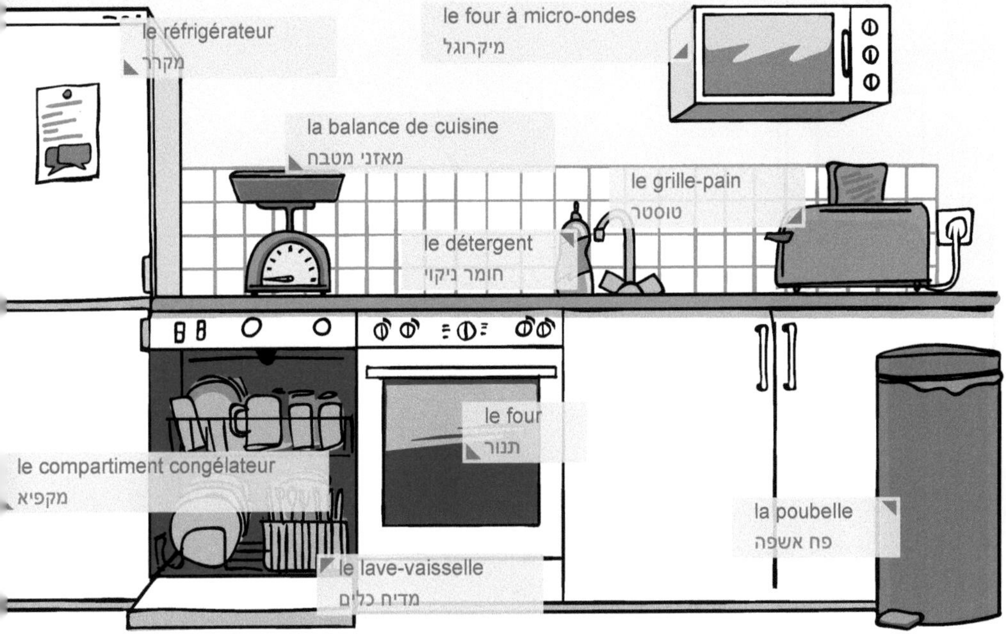

le réfrigérateur
מקרר
le four à micro-ondes
מיקרוגל
la balance de cuisine
מאזני מטבח
le grille-pain
טוסטר
le détergent
חומר ניקוי
le four
תנור
le compartiment congélateur
מקפיא
la poubelle
פח אשפה
le lave-vaisselle
מדיח כלים

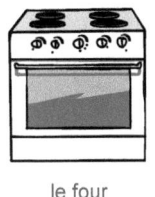

le four

תנור

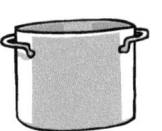

la casserole

סיר

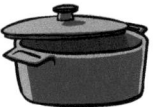

la marmite

סיר ברזל

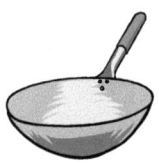

le wok / kadai

ווק

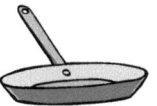

la poêle

מחבת

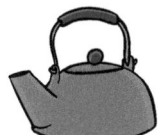

la bouilloire electrique

קומקום חשמלי

le cuiseur vapeur

מאדה

la plaque de cuisson

מגש אפייה

la vaisselle

כלי אוכל

le gobelet

ספל

la coupe

קערה

les baguettes

צ'ופסטיקס

la louche

מצקת

la spatule

מרית

le fouet

מטרפה

la passoire

מסננת בישול

le tamis

מסננת

la râpe

מגרדת

le mortier

מכתש

le barbecue

גריל

la cheminée

מדורה

la planche à découper

קרש חיתוך

le rouleau à pâtisserie

מערוך

le tire-bouchon

פותחן פקקים

la boîte

פחית

l'ouvre-boîte

פותחן קופסאות

les maniques

מטלית

le lavabo

כיור

la brosse

מברשת

l'éponge

ספוג

le mixeur

בלנדר

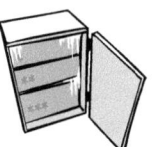

le congélateur

מקפיא

le biberon

בקבוק לתינוק

le robinet

ברז

la salle de bain
חדר אמבטיה

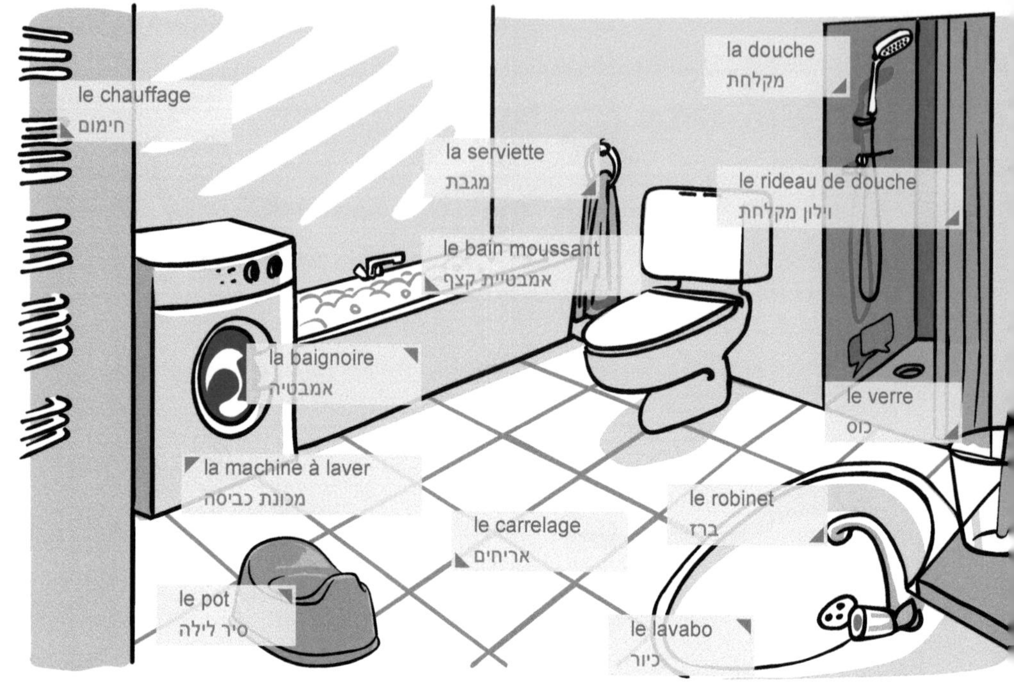

la douche
מקלחת

le chauffage
חימום

la serviette
מגבת

le rideau de douche
וילון מקלחת

le bain moussant
אמבטיית קצף

la baignoire
אמבטיה

le verre
כוס

la machine à laver
מכונת כביסה

le carrelage
אריחים

le robinet
ברז

le pot
סיר לילה

le lavabo
כיור

les toilettes
אסלה

la toilette à la turque
אסלת כריעה

le bidet
בידה

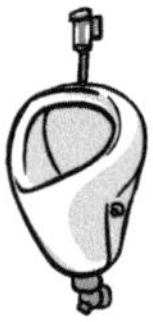

l'urinoir
משתנה

le papier toilette
נייר טואלט

la brosse à toilette
מברשת אסלה

la brosse à dents

מברשת שיניים

le dentifrice

משחת שיניים

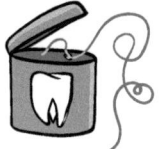

le fil dentaire

חוט דנטלי

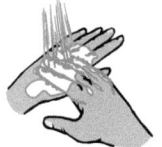

laver

שטף

la douche manuelle

מקלחת יד

la douche intime

צינור שטיפה לשירותים

la vasque

קערת רחצה

la brosse dorsale

מברשת גב

le savon

סבון

le gel douche

ג'ל רחצה

le shampooing

שמפו

le gant de toilette

ליפה

l'écoulement

ניקוז

la crème

קרם

le déodorant

דיאודורנט

le miroir

מראה

le miroir cosmétique

מראת יד

le rasoir

סכין גילוח

la mousse à raser

קצף גילוח

l'après-rasage

אפטרשייב

la peigne

מסרק

la brosse

מברשת

le sèche-cheveux

מייבש שיעור

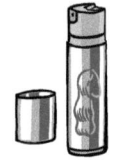

la laque pour cheveux

ספריי לשיער

le fond de teint

איפור

le rouge à lèvres

שפתון

le vernis à ongles

לק

l'ouate

צמר גפן

le coupe-ongles

מספריים לציפורניים

le parfum

בושם

la trousse de toilette

תיק כלי רחצה

le tabouret

שרפרף

le pèse-personne

משקל

le peignoir

חלוק רחצה

les gants de nettoyage

כפפות גומי

le tampon

טמפון

s serviettes hygiéniques

תחבושת סניטרית

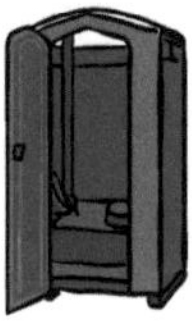

la toilette chimique

שירותים כימיקליים

la chambre d'enfant

חדר ילדים

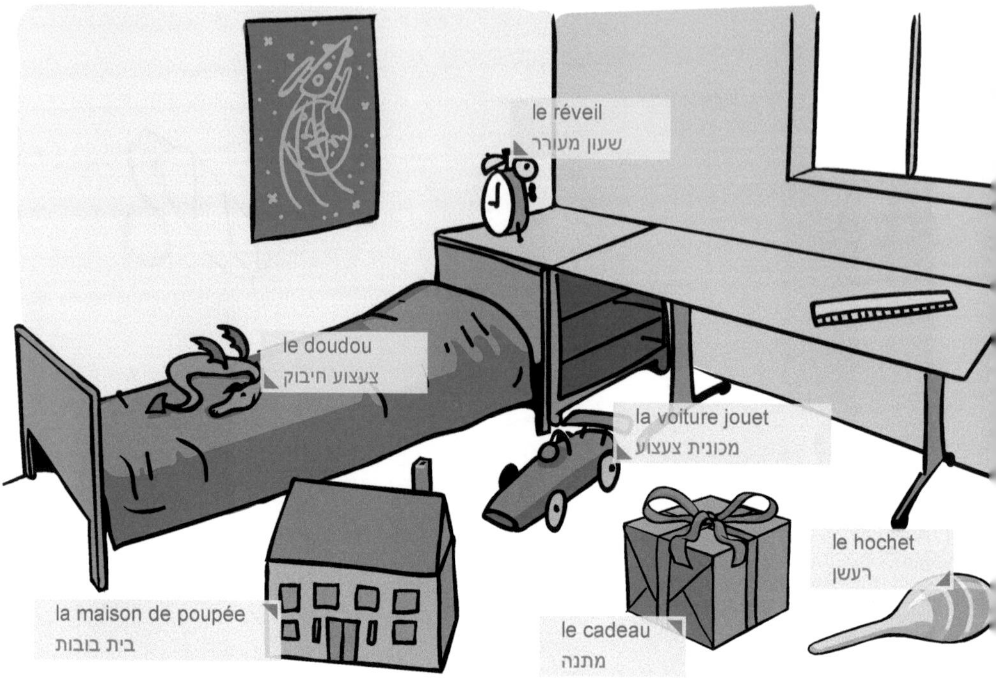

le réveil
שעון מעורר

le doudou
צעצוע חיבוק

la voiture jouet
מכונית צעצוע

le hochet
רעשן

la maison de poupée
בית בובות

le cadeau
מתנה

le ballon
בלון

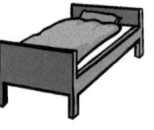

le lit
מיטה

la poussette
עגלה

le jeu de cartes
משחק קלפים

le puzzle
פאזל

la bande dessinée
קומיקס

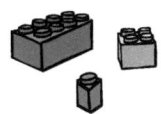

les pièces lego

לגו

les blocs de construction

קוביות משחק

la figurine

דמות משחק

la grenouillère

סרבל תינוקות

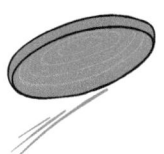

le frisbee

פריזבי

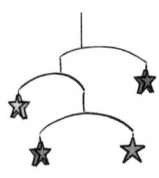

le mobile

נייד

le jeu de société

משחק לוח

le dé

קוביה

le train miniature

רכבת צעצוע

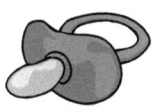

la sucette

מוצץ

la fête

מסיבה

le livre d'images

אלבום תמונות

la balle

כדור

la poupée

בובה

jouer

שיחק

le bac à sable

ארגז חול

la balançoire

נדנדה

les jouets

צעצועים

la console de jeu

קונסולת משחקים

le tricycle

אופניים תלת גלגלי

l'ours en peluche

דובון

l'armoire

ארון בגדים

les vêtements

בגדים

les chaussettes

גרביים

les bas

גרביונים

le collant

גרביון

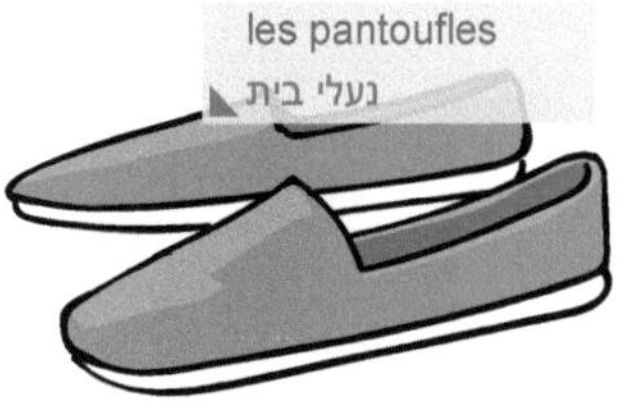

l'écharpe
צעיף

le parapluie
מטריה

le t-shirt
חולצת טי

la ceinture
חגורה

les bottes
מגפיים

les pantoufles
נעלי בית

les baskets
נעלי ספורט

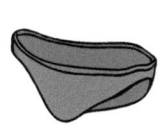

les sandales
סנדלים

les chaussures
נעליים

les bottes de caoutchouc
מגפי גומי

les sous-vêtements
תחתונים

le soutien-gorge
חזייה

le maillot de corps
וסט

le body
גוף

le pantalon
מכנסיים

le jean
ג'ינס

la jupe
חצאית

le chemisier
חולצה מכופתרת

la chemise
חולצה

le pull
אפודה

le sweat à capuche
סווצ'ר עם קפוצ'ון

la veste
בלייזר

la veste
ז'קט

le manteau
מעיל

l'imperméable
מעיל גשם

le costume
תלבושת

la robe
שמלה

la robe de mariée
שמלת כלה

le costume

חליפה

la chemise de nuit

כותונת לילה

le pyjama

פיג'מה

le sari

סארי

le foulard

מטפחת ראש

le turban

טורבן

la burqa

בורקה

le caftan

קאפטן

l'abaya

עבאיה

le maillot de bain

בגד ים

le maillot de bain

בגד ים

le short

מכנסיים קצרים

la tenue d'entraînement

בגד אימון

le tablier

סינר

les gants

כפפות

le bouton

כפתור

les lunettes

משקפיים

le bracelet

צמיד יד

le collier

שרשרת

la bague

טבעת

la boucle d'oreille

עגיל

le bonnet

כובע

le cintre

קולב

le chapeau

כובע

la cravate

עניבה

la fermeture éclair

רוכסן

le casque

קסדה

les bretelles

כתפיות

l'uniforme scolaire

תלבושת בית ספר

l'uniforme

מדים

le bavoir

מפית אוכל

la sucette

מוצץ

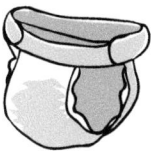

la lange

חיתול

le serveur
שרת

l'armoire d'archivage
תיקייה

l'imprimante
מדפסת

l'écran
מסך

le papier
נייר

la souris
עכבר

le bureau
שולחן עבודה

le classeur
תיק

le clavier
מקלדת

la chaise
כסא

la corbeille à papier
סל נייר

l'ordinateur
מחשב

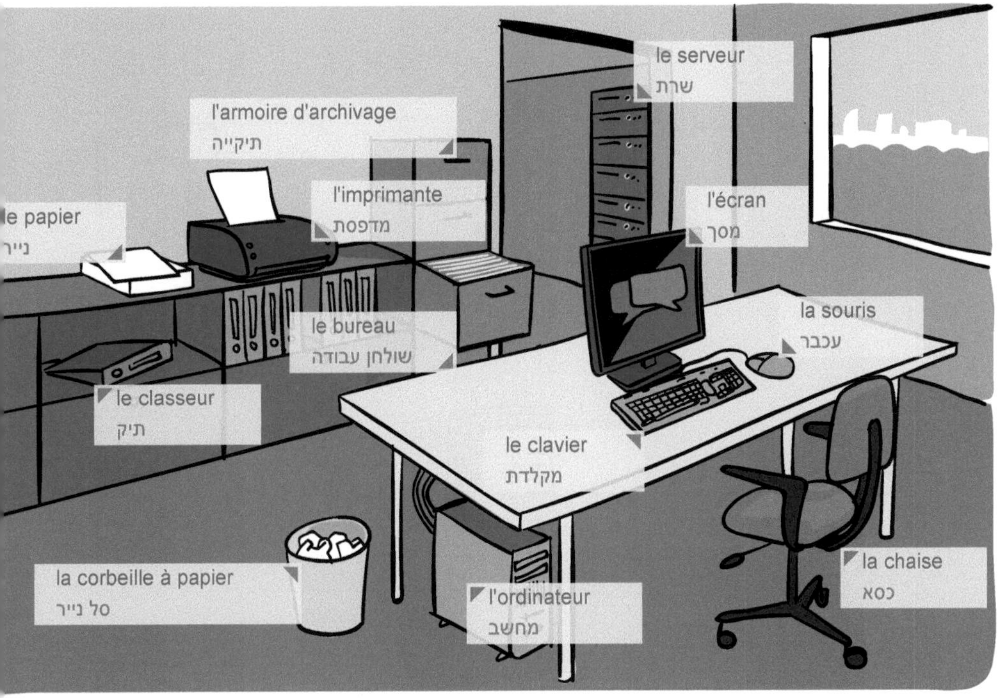

la tasse de café

ספל קפה

la calculatrice

מחשבון

l'internet

אינטרנט

l'ordinateur portable

מחשב נייד

la lettre

מכתב

le message

הודעה

le portable

נייד

le réseau

רשת

la photocopieuse

מכונת צילום

le logiciel

תוכנה

le téléphone

טלפון

la prise

שקע

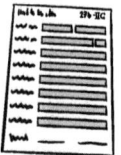

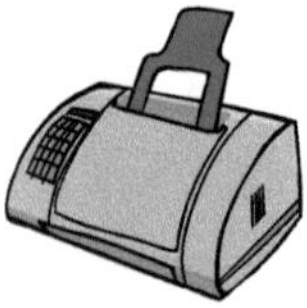

le fax

פקס

le formulaire

טופס

le document

מסמך

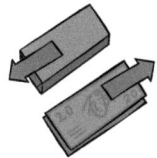

acheter

קנה

payer

שילם

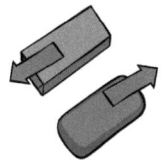

faire du commerce

סחר

la monnaie

כסף

le dollar

דולר

l'euro

יורו

le yen

ין

le rouble

רובל

le franc suisse

פרנק שווייצרי

le renminbi yuan

יואן רנמינבי

la roupie

רופי

le distributeur automatique

כספומט

le bureau de change

המרת מטבע

l'or

זהב

l'argent

כסף

le pétrole

נפט

l'énergie

אנרגיה

le prix

מחיר

le contrat

חוזה

la taxe

מס

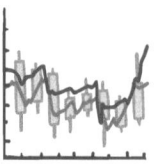

l'action

מנייה

travailler

עבד

l'employé

עובד

l'employeur

מעסיק

l'usine

מפעל

le magasin

חנות

les professions
מקצועות

le pompier
כבאי
l'agent de police
שוטר
le cuisinier
טבח
le médecin
רופא
le pilote
טייס

le jardinier
גנן

le menuisier
נגר

la couturière
תופרת

le juge
שופט

le chimiste
כימאי

l'acteur
שחקן

le conducteur de bus

נהג אוטובוס

le chauffeur de taxi

נהג מונית

le pêcheur

דייג

la femme de ménage

עובדת נקיון

le couvreur

מתקן גגות

le serveur

מלצר

le chasseur

צייד

le peintre

צייר

le boulanger

אופה

l'électricien

חשמלאי

l'ouvrier

עובד בניין

l'ingénieur

מהנדס

le boucher

קצב

le plombier

אינסטלטור

le facteur

דוור

le soldat

חייל

l'architecte

אדריכל

le caissier

קופאי

le fleuriste

מוכר פרחים

le coiffeur

ספר

le contrôleur

כרטיסן

le mécanicien

מכונאי

le capitaine

קברניט

le dentiste

רופא שיניים

le scientifique

מדען

le rabbin

רב

l'imam

אימאם

le moine

נזיר

le prêtre

כומר

les outils

כלי עבודה

le marteau
פטיש
les pinces
צבת
le tournevis
מברג
la clé
מפתח ברגים
la torche
פנס

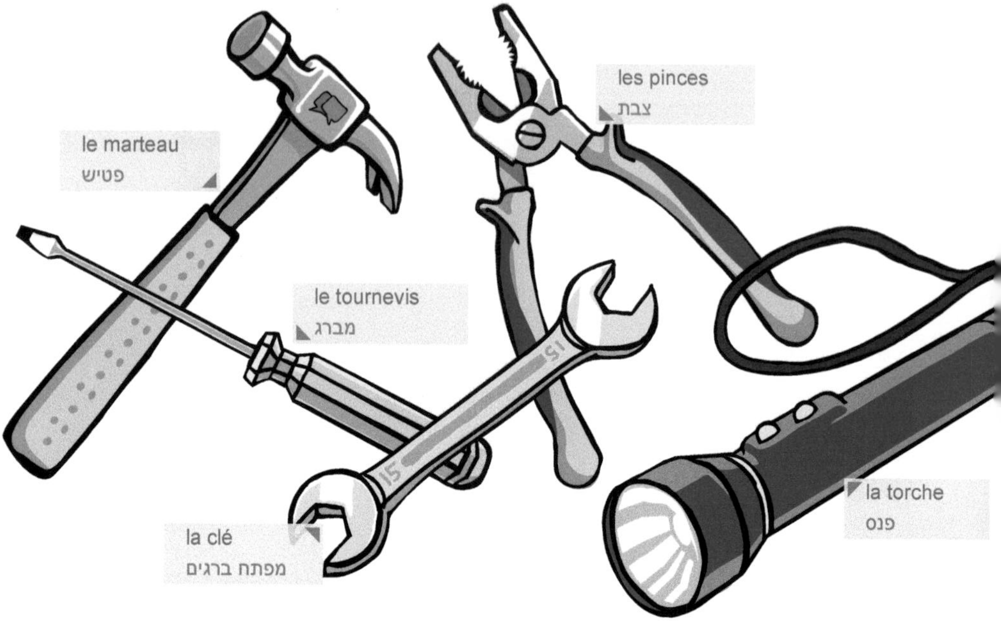

la pelleteuse
דחפור

la boîte à outils
ארגז כלים

l'échelle
סולם

la scie
מסור

les clous
מסמרים

la perceuse
מקדחה

réparer

תיקן

la pelle

את חפירה

Mince !

לעזאזל!

la pelle

יעה

le pot de peinture

פח צבע

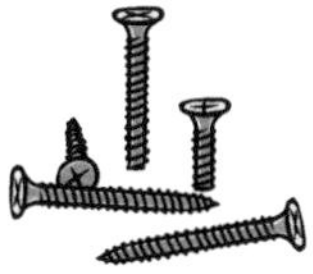

les vis

ברגים

les instruments de musique

כלי נגינה

le haut-parleurs
רמקול
la batterie
מערכת תופים
la guitare
גיטרה
la contrebasse
קונטראבס
la trompette
חצוצרה

le piano

פסנתר

le violon

כינור

la basse

בס

les timbales

תוף הדוד

le tambour

תופים

le piano électrique

מקלדת פסנתר

le saxophone

סקסופון

la flûte

חליל

le microphone

מיקרופון

le zoo

גן חיות

l'entrée
כניסה
le tigre
נמר
la cage
כלוב
le zèbre
זברה
l'alimentation animale
מזון לחיות
le panda
פנדה

les animaux

בעלי חיים

l'éléphant

פיל

le kangourou

קנגרו

le rhinocéros

קרנף

le gorille

גורילה

l'ours

דוב

le chameau

גמל

l'autruche

יען

le lion

אריה

le singe

קוף

le flamand rose

פלמינגו

le perroquet

תוכי

l'ours polaire

דוב הקרח

le pingouin

פינגווין

le requin

כריש

le paon

טווס

le serpent

נחש

le crocodile

תנין

le gardien de zoo

שומר גן החיות

le phoque

כלב ים

le jaguar

יגואר

le poney

סוס פוני

le léopard

לאופרד

l'hippopotame

היפופוטאם

la girafe

ג'ירפה

l'aigle

נשר

le sanglier

חזיר בר

le poisson

דג

la tortue

צב

le morse

סוס ים

le renard

שועל

la gazelle

איילה

les sports

ספורט

l'american Football
פוטבול אמריקאי
le cyclisme
רכיבת אופניים
le tennis
טניס
le basket-ball
כדורסל
la natation
שחיה
la boxe
אגרוף
le hockey sur glace
הוקי

le football

כדורגל

le badminton

בדמינטון

l'athlétisme

אתלטיקה

le handball

כדור-יד

le ski

עשה סקי

le polo

פולו

rire
צחק
sauter
קפץ
embrasser
חיבק
marcher
הלך
chanter
שר
rêver
חלם
prier
התפלל
faire la bise
נשק

écrire

כתב

dessiner

צייר

montrer

הראה

pousser

דחף

donner

נתן

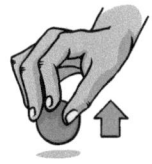

prendre

לקח

avoir

יש / להיות הבעלים

faire

עשה

être

היה

être debout

עמד

courir

רץ

trier

משך

jeter

זרק

tomber

נפל

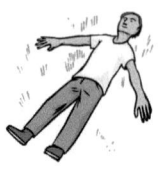

être couché

שכב

attendre

חיכה

porter

סחב

être assis

ישב

s'habiller

התלבש

dormir

ישן

se réveiller

התעורר

regarder

הסתכל ב-

pleurer

בכה

caresser

ליטף

peigner

סירק

parler

דיבר

comprendre

הבין

demander

שאל

écouter

שמע

boire

שתה

manger

אכל

ranger

סידר

aimer

אהב

cuire

בישל

conduire

נהג

voler

עף

faire de la voile

שט

calculer

חישב

lire

קרא

apprendre

למד

travailler

עבד

se marier

התחתן

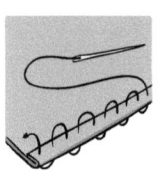

coudre

תפר

brosser les dents

ציחצח שיניים

tuer

הרג

fumer

עישן

envoyer

שלח

la famille

משפחה

grand-mère
סב
le grand-père
סבא
le père
אבא
la mère
אימא
le bébé
תינוק
la fille
בת
le fils
בן

l'hôte

אורח

la tante

דודה

l'oncle

דוד

le frère

אח

la sœur

אחות

le corps

גוף

le front
מצח
l'œil
עין
l'épaule
כתף
le doigt
אצבע
le visage
פנים
le menton
סנטר
la main
כף יד
la jambe
רגל
la poitrine
חזה
le bras
זרוע

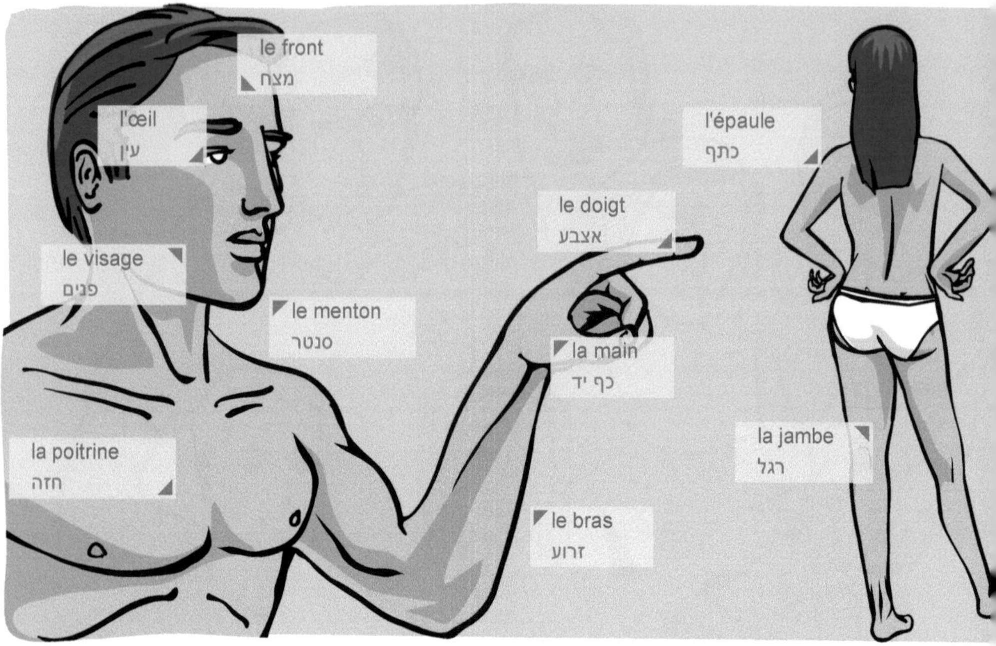

le bébé

תינוק

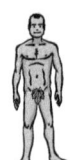

l'homme

איש

la femme

אישה

la fille

ילדה

le garçon

ילד

la tête

ראש

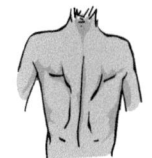

le dos

גב

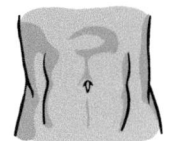

le ventre

בטן

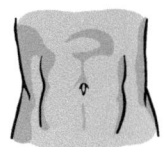

le nombril

טבור

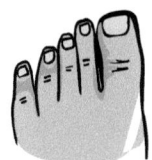

l'orteil

אצבע

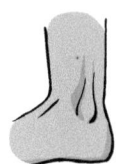

le talon

עקב

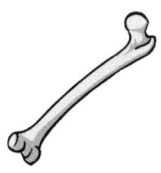

l'os

עצם

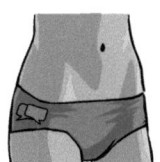

la hanche

ירך

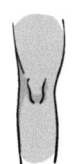

le genou

ברך

le coude

מרפק

le nez

אף

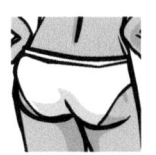

les fesses

עכוז

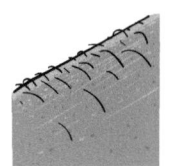

la peau

עור

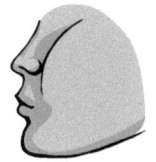

la joue

לחי

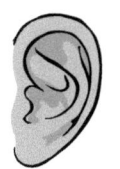

l'oreille

אוזן

la lèvre

שפתיים

la bouche
....
פה

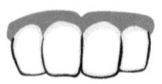

la dent
....
שן

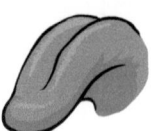

la langue
....
לשון

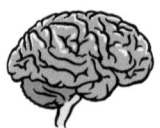

le cerveau
....
מוח

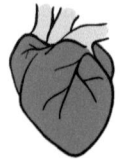

le cœur
....
לב

le muscle
....
שריר

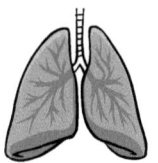

les poumons
....
ריאה

le foie
....
כבד

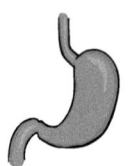

l'estomac
....
קיבה

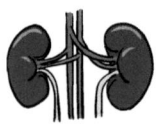

les reins
....
כליות

le rapport sexuel
....
מין

le préservatif
....
קונדום

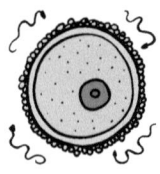

l'ovule
....
ביצית

le sperme
....
זרע

la grossesse
....
הריון

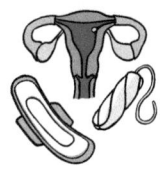

la menstruation

ווסת

le vagin

נרתיק

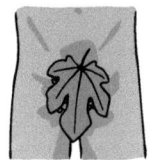

le pénis

פין

le sourcil

גבה

les cheveux

שיער

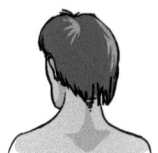

le cou

צוואר

l'hôpital
בית חולים

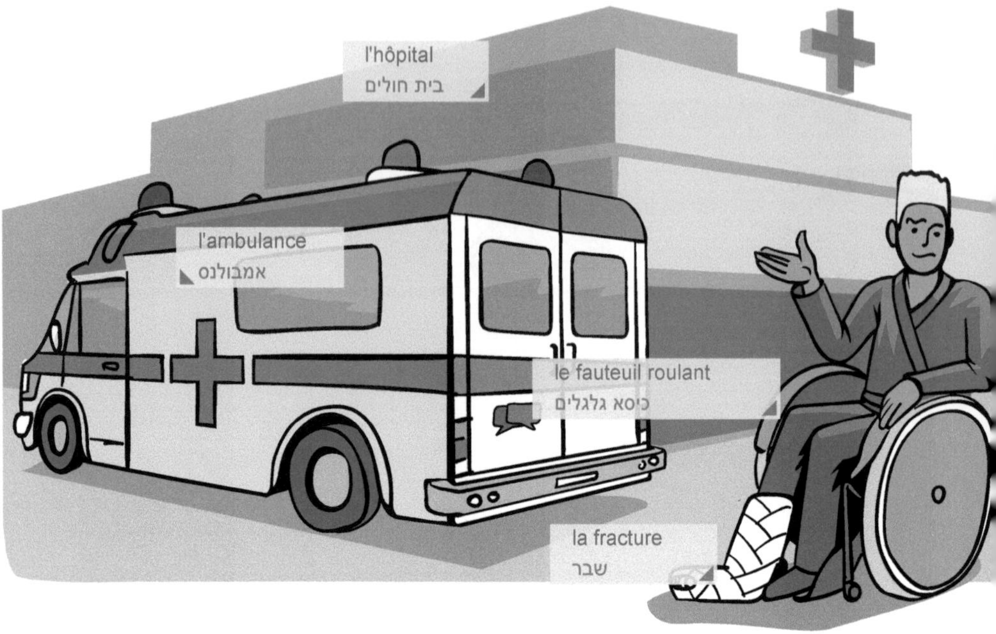

l'hôpital
בית חולים
l'ambulance
אמבולנס
le fauteuil roulant
כיסא גלגלים
la fracture
שבר

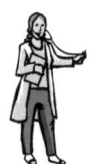

le médecin

רופא

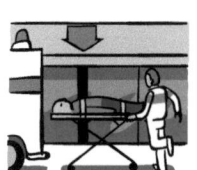

le service des urgences

חדר מיון

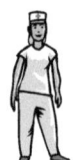

l'infirmière

אחות

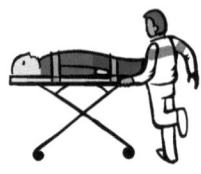

l'urgence

חירום

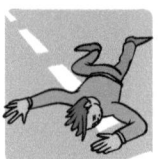

inconscient

חסר הכרה

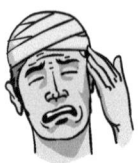

la douleur

כאב

la blessure

פציעה

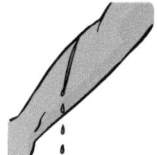

l'hémorragie

דימום

la crise cardiaque

התקף לב

l'attaque cérébrale

שבץ

l'allergie

אלרגיה

la toux

שיעול

la fièvre

חום

la grippe

שפעת

la diarrhée

שלשול

le mal de tête

כאב ראש

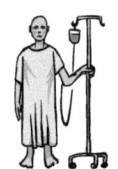

le cancer

סרטן

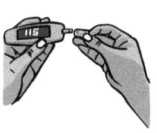

le diabète

סוכרת

le chirurgien

מנתח

le scalpel

אזמל

l'opération

ניתוח

le CT

סי-טי

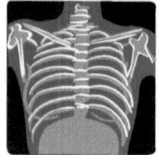

la radiographie

רנטגן

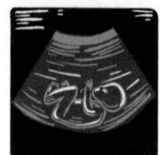

l'échographie

אולטרסאונד

le masque

מסיכת פנים

la maladie

מחלה

la salle d'attente

חדר המתנה

la béquille

קבה

le pansement

פלסטר

le pansement

תחבושת

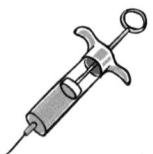

l'injection

זריקה

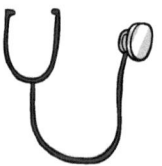

le stéthoscope

סטטוסקופ

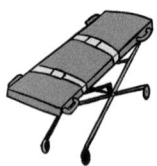

le brancard

אלונקה

le thermomètre

מד חום

l'accouchement

לידה

la surcharge pondérale

עודף משקל

l'appareil auditif
....
מכשיר שמיעה

le désinfectant
....
מחטא

l'infection
....
זיהום

le virus
....
נגיף

le VIH / le sida
....
איידס

le médicament
....
תרופה

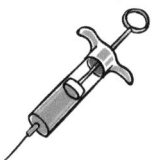

la vaccination
....
חיסון

les comprimés
....
טבליות

la pilule
....
גלולה

l'appel d'urgence
....
קריאת חירום

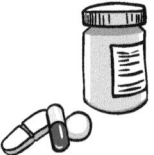

le tensiomètre
....
מד לחץ דם

malade / sain
....
חולה / בריא

l'urgence

חירום

Au secours !

הצילו!

l'alarme

אזעקה

l'assaut

פשיטה

l'attaque

תקיפה

le danger

סכנה

la sortie de secours

יציאת חירום

Au feu!

אש!

l'extincteur

מטף כיבוי

l'accident

תאונה

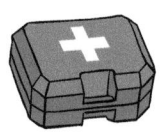

la trousse de premier secours

ערכת עזרה ראשונה

SOS

הצילו!

la police

משטרה

la terre

כדור הארץ

l'Europe

אירופה

l'Amérique du Nord

צפון אמריקה

l'Amérique du Sud

דרום אמריקה

l'Afrique

אפריקה

l'Asie

אסיה

l'Australie

אוסטרליה

l'Océan atlantique

האוקיינוס האטלנטי

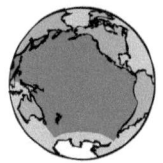

l'Océan pacifique

האוקיינוס השקט

l'Océan indien

האוקיינוס ההודי

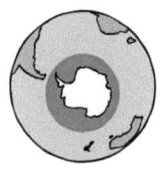

l'Océan antarctique

האוקיינוס האנטרקטי

l'Océan arctique

האוקיינוס הארקטי

le Pôle nord

הקוטב הצפוני

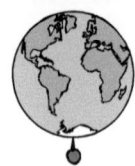

le Pôle sud

הקוטב הדרומי

l'Antarctique

אנטארקטיקה

la terre

כדור הארץ

le pays

אדמה

la mer

ים

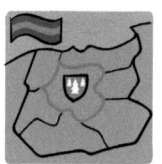

l'île

אי

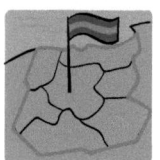

la nation

לאום

l'état

מדינה

...heure(s)

שעון

le cadran

פני השעון

l'aiguille des heures

מחוג השעות

l'aiguille des minutes

מחוג הדקות

l'aiguille des secondes

מחוג השניות

Quelle heure est-il ?

מה השעה?

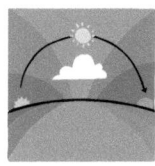

le jour

יום

le temps

זמן

maintenant

עכשיו

la montre digitale

שעון דיגיטלי

la minute

דקה

l'heure

שעה

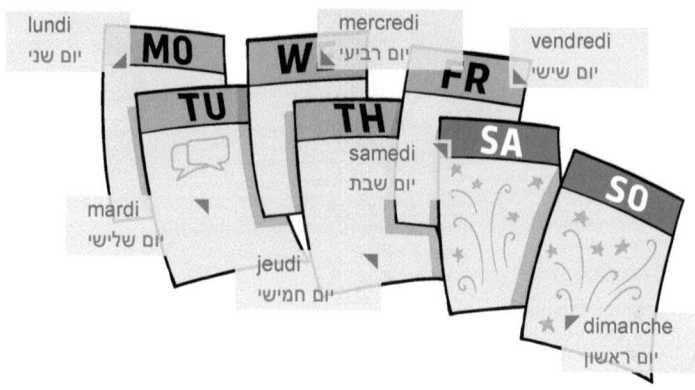

la semaine

שבוע

lundi
יום שני
mercredi
יום רביעי
vendredi
יום שישי
samedi
יום שבת
SA
mardi
יום שלישי
jeudi
יום חמישי
dimanche
יום ראשון

hier

אתמול

aujourd'hui

היום

demain

מחר

le matin

בוקר

le midi

צהריים

le soir

ערב

les jours ouvrables

ימי עבודה

le week-end

סוף שבוע

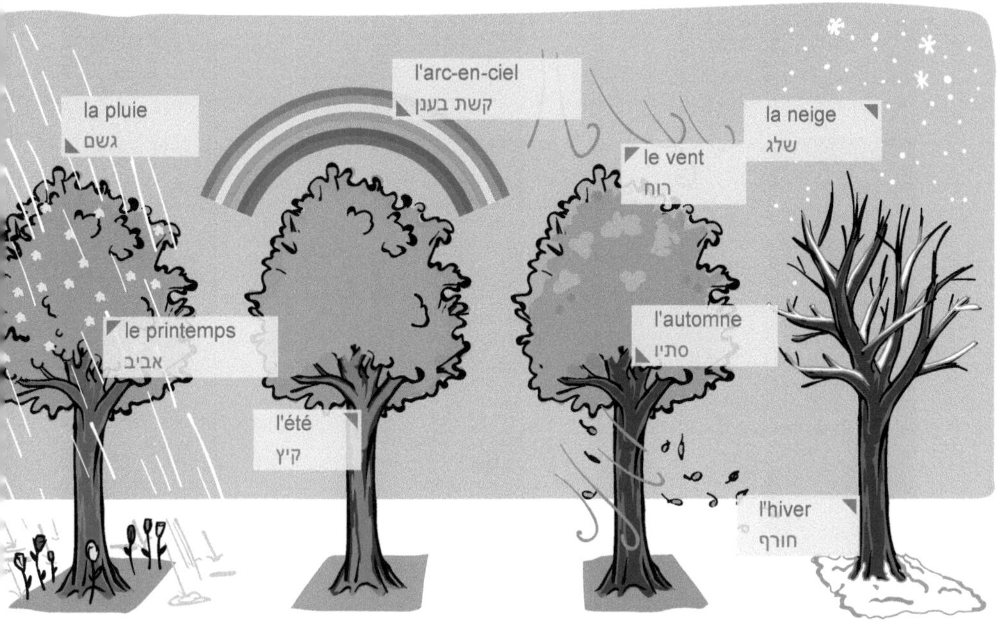

l'arc-en-ciel
קשת בענן

la pluie
גשם

la neige
שלג

le vent
רוח

le printemps
אביב

l'automne
סתיו

l'été
קיץ

l'hiver
חורף

4.APRIL	11°	☀
5.APRIL	4°	⛅
6.APRIL	13°	🌧
7.APRIL	8°	☀
8.APRIL	10°	☀

la météo

תחזית מזג האוויר

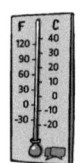

le thermomètre

מד חום

la lumière du soleil

אור שמש

le nuage

ענן

le brouillard

ערפל

l'humidité

לחות

la foudre

ברק

la tonnerre

רעם

la tempête

סערה

la grêle

ברד

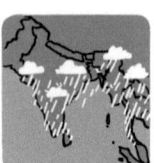

la mousson

רוח עונתי

l'inondation

שיטפון

la glace

קרח

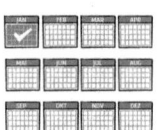

janvier

ינואר

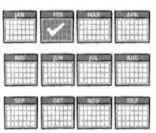

février

פברואר

mars

מרץ

avril

אפריל

mai

מאי

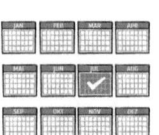

juin

יוני

juillet

יולי

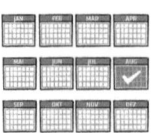

août

אוגוסט

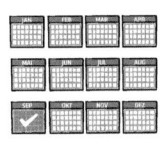

septembre

ספטמבר

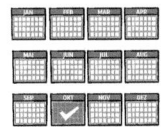

octobre

אוקטובר

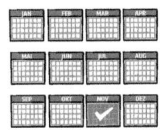

novembre

נובמבר

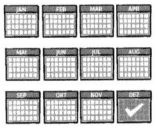

décembre

דצמבר

les formes

צורות

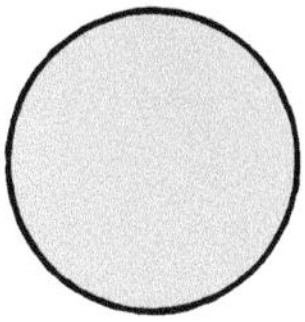

le cercle

עיגול

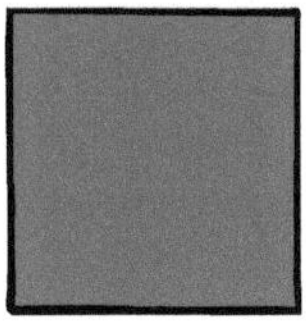

le carré

מרובע

le rectangle

מלבן

le triangle

משולש

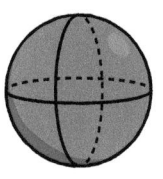

la sphère

כדור

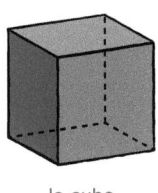

le cube

קובייה

les couleurs

צבעים

blanc

לבן

jaune

צהוב

orange

כתום

rose

ורוד

rouge

אדום

violet

סגול

bleu

כחול

vert

ירוק

marron

חום

gris

אפור

noir

שחור

les oppositions

הפכים

beaucoup / peu

הרבה / מעט

fâché / calme

כועס / רגוע

joli / laid

יפה / מכוער

le début / la fin

התחלה / סוף

grand / petit

גדול / קטן

clair / obscure

בהיר / כהה

frère / soeur

אח / אחות

propre / sale

נקי / מלוכלך

complet / incomplet

שלם / חלקי

le jour / la nuit

יום /לילה

mort / vivant

מת / חי

large / étroit

רחב / צר

comestible / incomestible

אכיל / לא אכיל

méchant / gentil

רשע / טוב לב

excité / ennuyé

מתרגש / משועמם

gros / mince

שמן / רזה

le premier / le dernier

ראשון / אחרון

l'ami / l'ennemi

חבר / אויב

plein / vide

מלא / ריק

dur / souple

קשה / רך

lourd / léger

כבד / קל

faim / soif

רעב / צמא

malade / sain

חולה / בריא

illégal / légal

בלתי-חוקי / חוקי

intelligent / stupide

נבון / טיפש

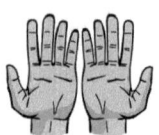

gauche / droite

שמאל / ימין

proche / loin

קרוב / רחוק

nouveau / usé

חדש / משומש

rien / quelque chose

כלום / משהו

vieux / jeune

זקן / צעיר

marche / arrêt

פעיל / כבוי

ouvert / fermé

פתוח / סגור

faible / fort

שקט / רועש

riche / pauvre

עשיר / עני

correct / incorrect

נכון / שגוי

rugueux / lisse

מחוספס / חלק

triste / heureux

עצוב / שמח

court / long

קצר / ארוך

lent / rapide

איטי / מהיר

mouillé / sec

רטוב / יבש

chaud / froid

חם / קר

la guerre / la paix

מלחמה / שלום

les nombres

מספרים

0	1	2
zéro	un / une	deux
אפס	אחת	שתיים
3	4	5
trois	quatre	cinq
שלוש	ארבע	חמש
6	7	8
six	sept	huit
שש	שבע	שמונה
9	10	11
neuf	dix	onze
תשע	עשר	אחת-עשרה

12

douze

שתים-עשרה

13

treize

שלוש-עשרה

14

quatorze

ארבע-עשרה

15

quinze

חמש-עשרה

16

seize

שש-עשרה

17

dix-sept

שבע-עשרה

18

dix-huit

שמונה-עשרה

19

dix-neuf

תשע-עשרה

20

vingt

עשרים

100

cent

מאה

1.000

mille

אלף

1.000.000

le million

מיליון

les langues
שפות

l'anglais

אנגלית

l'anglais américain

אנגלית אמריקאית

le chinois mandarin

סינית מנדרינית

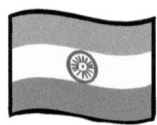

le hindi

הודית

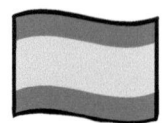

l'espagnol

ספרדית

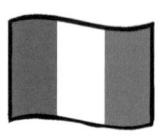

le français

צרפתית

l'arabe

ערבית

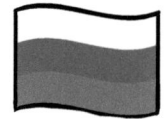

le russe

רוסית

le portugais

פורטוגזית

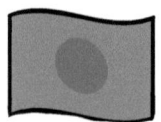

le bengali

בנגלית

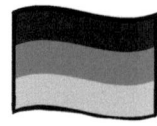

l'allemand

גרמנית

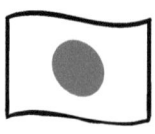

le japonais

יפנית

qui / quoi / comment
מי / מה / איך

je

אני

tu

אתה / את

il / elle / ce, c', cela

הוא / היא / זה

nous

אנחנו

vous

אתם

ils / elles

הם

Qui ?

מי?

Quoi ?

מה?

Comment ?

איך?

Où ?

איפה?

Quand ?

מתי?

le nom

שם

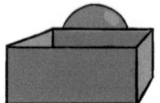

où

איפה

derrière

מאחור

dans

בתוך

devant

לפני

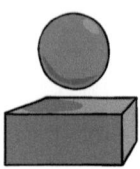

au-dessus

מעל

sur

על

en-dessous

מתחת

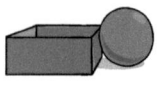

à côté de

ליד

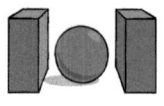

entre

בין

le lieu

מקום